Impressum
Verlag: BABADADA GmbH, Nedderfeld 112 , 22529 Hamburg
Geschäftsführer / Verlagsleitung: Harald Hof
Druck: Books on Demand GmbH, In de Tarpen 42, 22848 Norderstedt

Imprint
Publisher: BABADADA GmbH, Nedderfeld 112 , 22529 Hamburg, Germany
Managing Director / Publishing direction: Harald Hof
Print: Books on Demand GmbH, In de Tarpen 42, 22848 Norderstedt

icyumba k'ishuri
luokkahuone

kugabanya
jakaa

186/2

ikibaho
taulu

ikibuga cyo gukiniramo
koulunpiha

umwarimu
opettaja

urupapuro
paperi

kwandika
kirjoittaa

ikaramu
kynä

ameza yo kwandikiraho
kirjoituspöytä

iregere
viivoitin

igitabo
kirja

abanyeshuri bo mu mashuri abanza
oppilas

agahago k'ishuri
....
reppu

agasanduku k'amakaramu
y'igiti
....
penaali

ikaramu y'igiti
....
lyijykynä

tayekereyo
....
kynänteroitin

igome
....
pyyhekumi

ikayi yo gushushanya
....
piirustuslehtiö

igishushanyo

piirustus

uburoso bwo gusigisha

pensseli

agasanduku k'amarangi y'amabara

vesivärit

umukasi

sakset

kore

liima

ikayi y'imyitozo

harjoituskirja

umukoro w'imuhira

kotitehtävä

umubare

luku

guteranya

lisätä

gukuramo

vähentää

gukuba

kertoa

kubara

laskea

ibaruwa

kirjain

inyuguti uko zikurikirana

aakkoset

ijambo

sana

umwandiko

teksti

gusoma

lukea

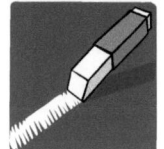

ingwa

liitu

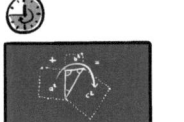

isomo

oppitunti

igitabo cyo
kwiyandikishamo

opettajan muistikirja

ikizami

koe

impamyabumenyi

todistus

umwambaro w'ishuri

koulupuku

uburezi

koulutus

inkoranyamagambo

sanakirja

kaminuza

yliopisto

mikorosikope

mikroskooppi

ikarita

kartta

pubere

roskakori

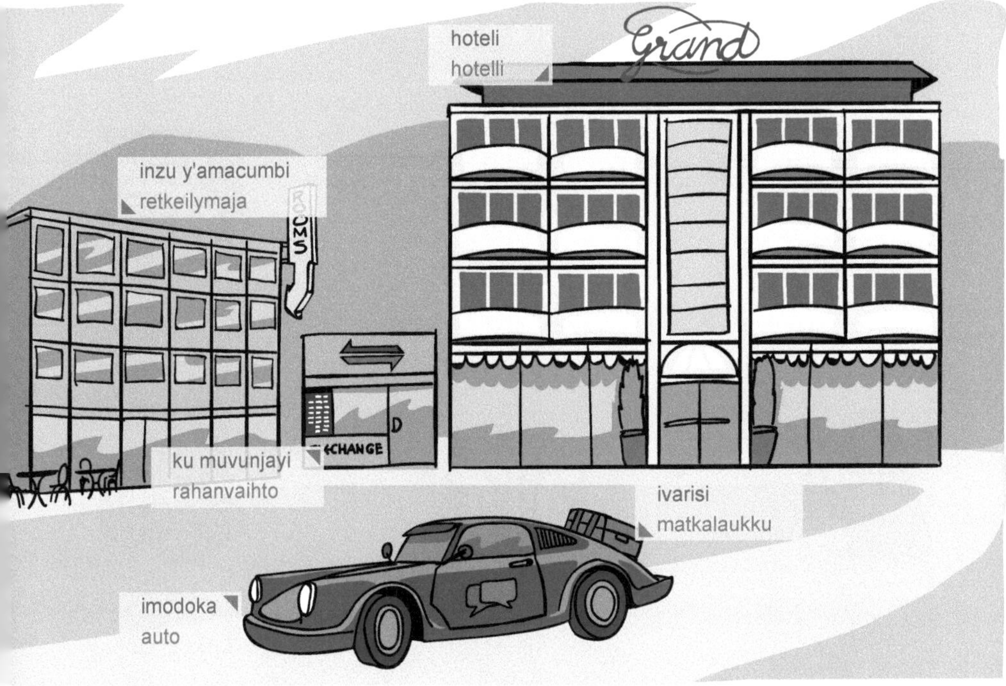

hoteli
hotelli
Grand
inzu y'amacumbi
retkeilymaja
ROOMS
EXCHANGE
ku muvunjayi
rahanvaihto
ivarisi
matkalaukku
imodoka
auto

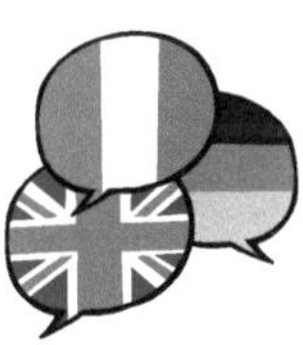

ururimi

kieli

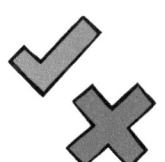

yego / oya

kyllä / ei

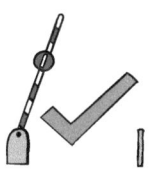

Yego

selvä

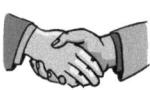

bite

hei

umusemuzi

tulkki

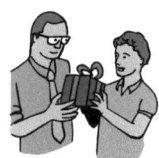

Murakoze

kiitos

ni angahe...?

Paljonko...maksaa?

Sinsobanukiwe

en ymmärrä

ikibazo

ongelma

wiriwe!

Hyvää iltaa!

Waramutse

Hyvää huomenta!

Ijoro ryiza

Hyvää yötä!

bayi

näkemiin

ikerekezo

suunta

imizigo

matkatavarat

igikapo

laukku

igikapo baheka

reppu

umushyitsi

vieras

icyumba

huone

agafuko baryamamo

makuupussi

ihema

teltta

makuru y'ahasurwa na ba mukerarugendo
turisti-info

ku musenyi wo ku mazi
ranta

ikarita ya banki
luottokortti

ifunguro ryo gusamura
aamupala

ifunguro rya ku manywa
lounas

ifunguro rya nimugoroba
päivällinen

itike
matkalippu

asanseri
hissi

itembure
postimerkki

umupaka
raja

gasutamo
tulli

ambasade
suurlähetystö

viza
viisumi

pasiporo
passi

gutwara abantu n'ibintu

kuljetus

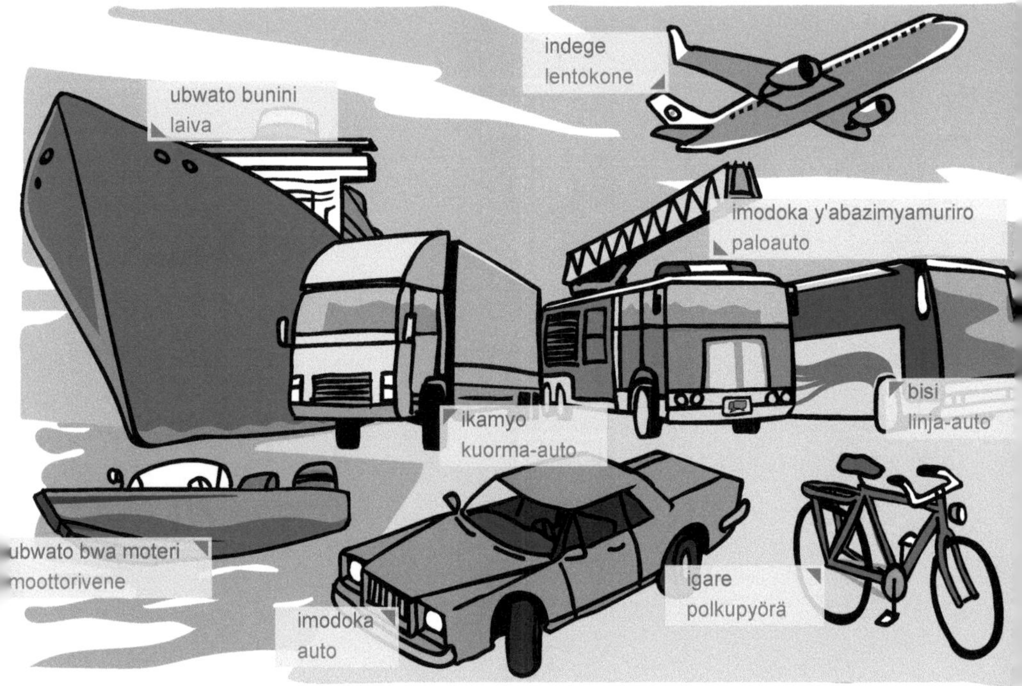

indege
lentokone
ubwato bunini
laiva
imodoka y'abazimyamuriro
paloauto
bisi
linja-auto
ikamyo
kuorma-auto
ubwato bwa moteri
moottorivene
igare
polkupyörä
imodoka
auto

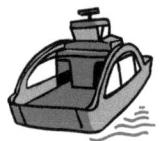

ubwato bwambutsa imizigo n'abantu

lautta

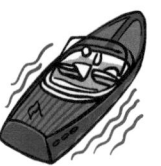

ubwato

vene

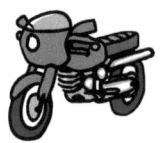

ipikipiki

moottoripyörä

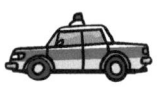

imodoka ya polisi

poliisiauto

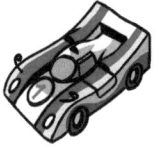

imodoka ya kuruse

kilpa-auto

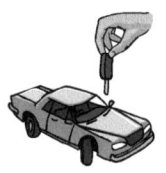

imodoka ikodeshwa

vuokra-auto

gusangira imodoka

car sharing

imodoka iterura izindi

hinausauto

imodoka iyora imyanda

roska-auto

moteri

moottori

lisansi

polttoaine

sitasiyo ya lisansi

huoltoasema

cyapa kiyobora imodoka

liikennemerkki

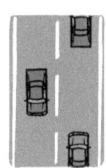

urujya n'uruza rw'imodoka

liikenne

ambuteyaje

ruuhka

parikingi y'imodoka

parkkipaikka

gare ya gariyamoshi

rautatieasema

inzira ya gariyamoshi

raiteet

gariyamoshi

juna

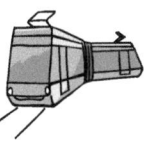

bisi ikoresha
amashanyarazi

raitiovaunu

agatete k'imizigo gakururwa
n'imodoka

vaunu

kajugujugu

helikopteri

ikibuga k'indege

lentokenttä

umunara

lähilennonjohto

umugenzi

matkustaja

konteneri

kontti

ikarito

pahvilaatikko

akagorofani ko mu iduka

kärryt

agaseke

kori

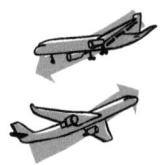

kuguruka / kururuka

nousta / laskea

umugi
kaupunki

umudugudu

kylä

mu mujyi rwagati

keskusta

inzu

talo

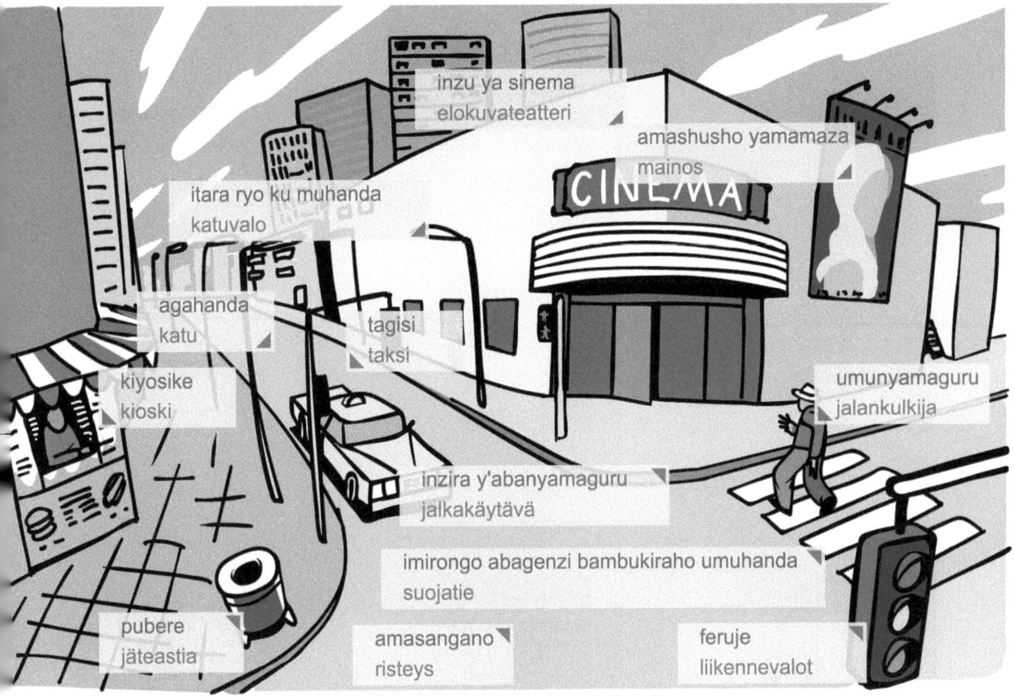

inzu ya sinema
elokuvateatteri
amashusho yamamaza
mainos
CINEMA
itara ryo ku muhanda
katuvalo
agahanda
katu
tagisi
taksi
kiyosike
kioski
umunyamaguru
jalankulkija
inzira y'abanyamaguru
jalkakäytävä
imirongo abagenzi bambukiraho umuhanda
suojatie
pubere
jäteastia
amasangano
risteys
feruje
liikennevalot

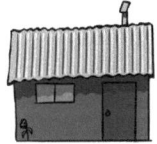

akaruri

mökki

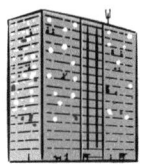

inzu ifatanye n'izindi

kerrostalo

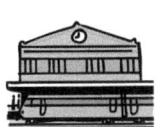

gare ya gariyamoshi

rautatieasema

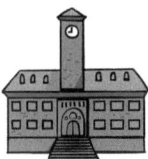

ibiro bya meya

kaupungintalo

MUSEUM

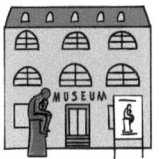

inzu ndangamurage

museo

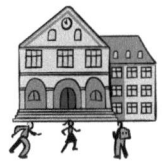

ishuri

koulu

kaminuza

yliopisto

banki

pankki

ibitaro

sairaala

hoteli

hotelli

farumasi

apteekki

ibiro

toimisto

inzu bagurishirizamo ibitabo

kirjakauppa

iduka

liike

umucuruzi w'indabo

kukkakauppa

amangazini manini

supermarketti

isoko

tori

idepo

tavaratalo

umucuruzi w'amafi

kalakauppias

iduka rinini

ostoskeskus

icyambu

satama

parike

puisto

intebe y'urubaho

penkki

iteme

silta

amadarajya

portaat

inzira yo munsi y'ubutaka

metro

umuhanda wo munsi y'ubutaka

tunneli

icyapa cya bisi

linja-autopysäkki

bare

baari

resitora

ravintola

gasanduku k'amabaruwa

postilaatikko

icyapa cyo ku muhanda

katukyltti

mubazi ya parikingi

parkkimittari

zoo

eläintarha

pisine

uimala

umusigiti

moskeija

ifamu
maatila

kwangiza umwuka
ympäristön saastuminen

irimbi
hautausmaa

ikiriziya
kirkko

ikibuga k'imikino
leikkikenttä

urusengero
temppeli

umurambi
maisema

ikibabi
lehti

icyapa kiyobora
tienviitta

inzira
tie

umukenke
niitty

ibuye
kivi

umuntu utembera mu misozi
retkeilijä

igiti
puu

umugezi
joki

ibyatsi
ruoho

indabo
kukka

ikibaya

laakso

agasozi

vuori

ikiyaga

järvi

ishyamba

metsä

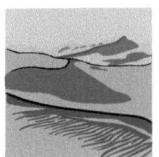

ubutayu

aavikko

ikirunga

tulivuori

ingoro

linna

umukororombya

sateenkaari

icyobo

sieni

ikigazi

palmu

umubu

hyttynen

isazi

kärpänen

intozi

muurahainen

uruyuki

mehiläinen

igitagangurirwa

hämähäkki

ikivumvuri

kovakuoriainen

igikeri

sammakko

inkima

orava

imbuni

siili

urukwavu

jänis

igihunyira

pöllö

inyoni

lintu

igishuhe

joutsen

isatura

villisika

ingeragere

peura

impongo

hirvi

urugomero

pato

igipanga kikaraga kikazana
umuyaga

tuulimylly

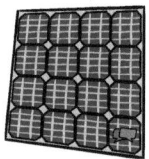

urubaho rukurura imirasire

aurinkopaneeli

ikirere

ilmasto

umuseriveri
tarjoilija

ibiryo byateguwe
ruokalista

intebe
tuoli

isupu
keitto

piza
pitsa

igitambaro cyo gutegura ku meza
pöytäliina

ibikoresho byo kumeza
ruokailuvälineet

aperitifu
alkuruoka

isahani nkuru
pääruoka

deseri
jälkiruoka

ibinyobwa
juomat

ibiribwa
ruoka

icupa
pullo

ibiryo barya bagenda

pikaruoka

ibiryo byo kumuhanda

katuruoka

ibirika y'icyayi

teekannu

agakombe k'isukari

sokeriastia

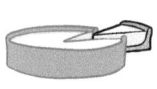

isahani y'ibiryo

annos

imashini y'ikawa ya esipereso

espressokeitin

intebe ndende

syöttötuoli

inyemezabuguzi

lasku

ipurato

tarjotin

icyuma

veitsi

ikanya

haarukka

ikiyiko

lusikka

akayiko k'icyayi

teelusikka

seriviyete

servietti

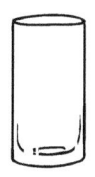

ikirahure cyo kunywesha

lasi

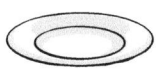

isahani

lautanen

isahani y'isupu

syvä lautanen

agasutasi

aluslautanen

isosi

kastike

agacupa k'umunyu

suolasirotin

agasekuru k'urusenda

pippurimylly

vinegere

etikka

amavuta

öljy

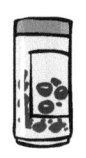

ibirunge

mausteet

kecapu

ketsuppi

mutaride

sinappi

mayonezi

majoneesi

amangazini manini

supermarketti

igiciro kidasanzwe
tarjous
umukiriya
asiakas
ibiva mu mata
maitotuotteet
FOR
imbuto
hedelmät
akagorofani ko mu iduka
ostoskärryt

BUTCHERS

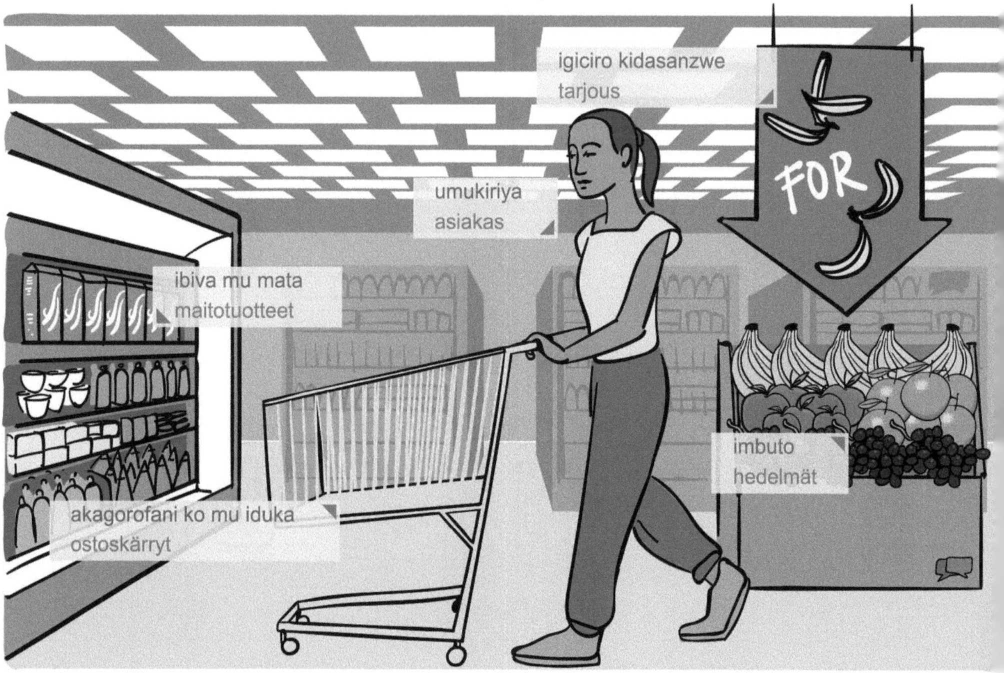

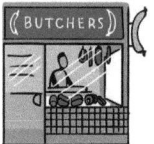

busheri

teurastamo

BAKERY

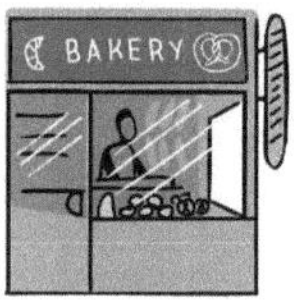

buranjeri

leipomo

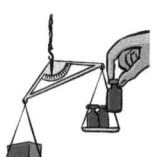

gupima ibiro

punnita

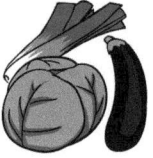

imboga

kasvikset

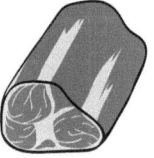

inyama

liha

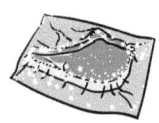

ibiryo bakonjesheje

pakasteet

inyama zikonje

leikkele

ibiryo byo mu makopo

säilykkeet

isabune y'ifu

pesujauhe

bombo

makeiset

ibikoresho byo mu rugo

kotitaloustarvikkeet

imiti isukura

puhdistusaineet

umucuruzikazi

myyjä

kukesa

kassa

umubitsi

kassanhoitaja

urutonde rwo guhaha

ostoslista

amasaha haba hafunguye

aukioloajat

ipotomoni

lompakko

ikarita ya banki

luottokortti

umufuka

kassi

imifuko ya pulasitike

muovipussi

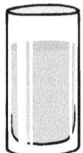

amazi

vesi

umutobe

mehu

amata

maito

koka

kokis

divayi

viini

byeri

olut

inzoga

alkoholi

shokora ishyushye

kaakao

icyayi

tee

ikawa

kahvi

ikawa ya esipereso

espresso

kapucino

cappuccino

umuneke

banaani

pome

omena

icunga

appelsiini

wotameloni

meloni

indimu

sitruuna

karoti

porkkana

tungurusumu

valkosipuli

umugano

bambu

urutunguru

sipuli

icyoba

sieni

ubunyobwa

pähkinät

amakaroni

spagetti

spageti

spagetti

umuceri

riisi

salade

salaatti

udufiriti

ranskalaiset

ibirayi by'ifiriti

paistetut perunat

piza

pitsa

hamburugeri

hampurilainen

sanduwici

voileipä

escalope

leike

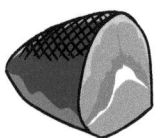

jambo

kinkku

salami

salami

sosiso

makkara

inkoko

kana

kotsa

paisti

ifi

kala

igikoma cy'uburo

kaurahiutaleet

pisitashi

mysli

impeke

murot

ifu

jauho

kuruwasa

voisarvi

amandazi

sämpylä

umugati

leipä

umugati wumishijwe

paahtoleipä

ibisuguti

keksit

amavuta

voi

forumaje year

rahka

keke

kakku

igi

kananmuna

umureti

paistettu kananmuna

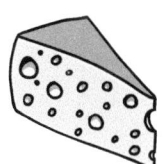

forumaje

juusto

ayisikirimu

jäätelö

isukari

sokeri

ubuki

hunaja

konfitire

hillo

shokora

suklaapähkinälevite

kiri

curry

ibiribwa - ruoka

ifamu
maatila

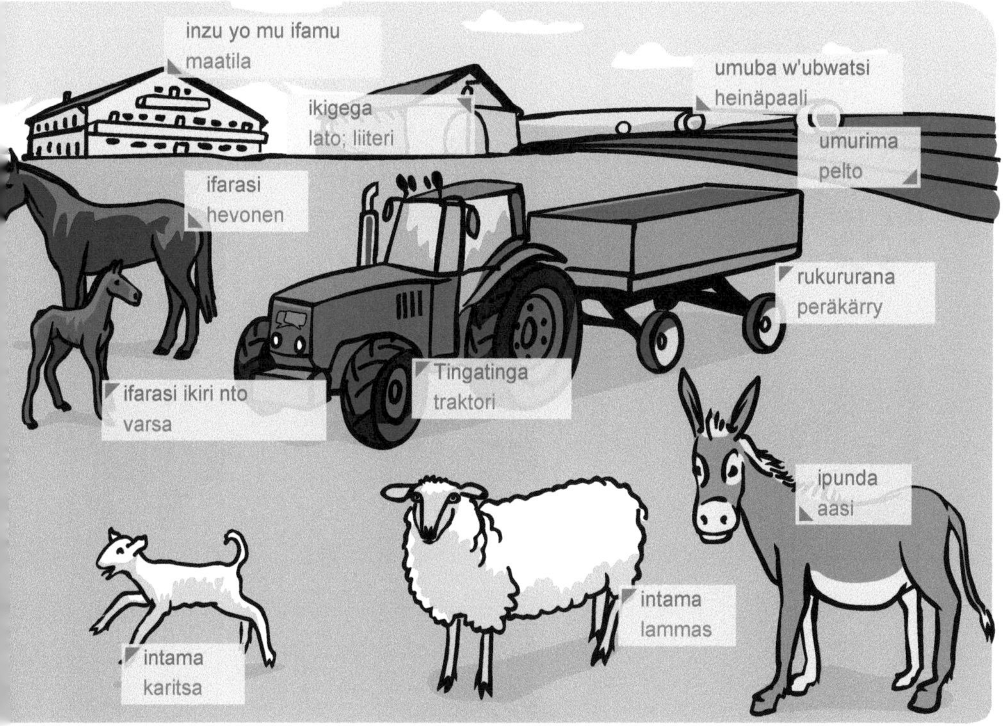

inzu yo mu ifamu
maatila
ikigega
lato; liiteri
umuba w'ubwatsi
heinäpaali
umurima
pelto
ifarasi
hevonen
rukururana
peräkärry
Tingatinga
traktori
ifarasi ikiri nto
varsa
ipunda
aasi
intama
lammas
intama
karitsa

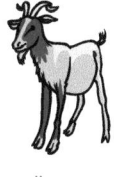

ihene

vuohi

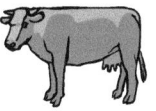

inka

lehmä

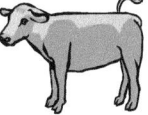

umutavu

vasikka

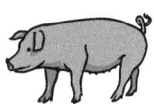

ingurube

sika

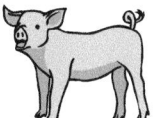

ikibwana k'ingurube

porsas

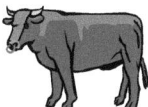

ikimasa

sonni

igishuhe

hanhi

imbata

ankka

umushwi

tipu

inkokokazi

kana

isake

kukko

imbeba

rotta

injangwe

kissa

imbeba

hiiri

ikimasa

härkä

imbwa

koira

ikiruka

koirankoppi

itiyo ijyana mu karima

puutarhaletku

arozuwari

kastelukannu

najuru

viikate

imashini ihinga

aura

najuru

sirppi

isuka

kuokka

rato

talikko

ishoka

kirves

ingorofani

kottikärryt

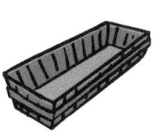

ikibumbiro

kaukalo

inkongoro

maitokannu

igunira

säkki

urugo

aita

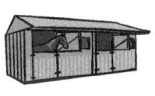

ikiraro

talli

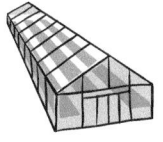

inzu ihingwamo

kasvihuone

ubutaka

maa

imbuto zo gutera

siemen

ifumbire

lannoite

imashini isarura

leikkuupuimuri

gusarura

kerätä sato

umusaruro

sato

ibikoro

jamssit

ingano

vehnä

soya

soija

ikirayi

peruna

ikigori

maissi

umwayi weze

rypsi

igiti k'imbuto

hedelmäpuu

umwumbati

maniokki

impeke

vilja

inzu
talo

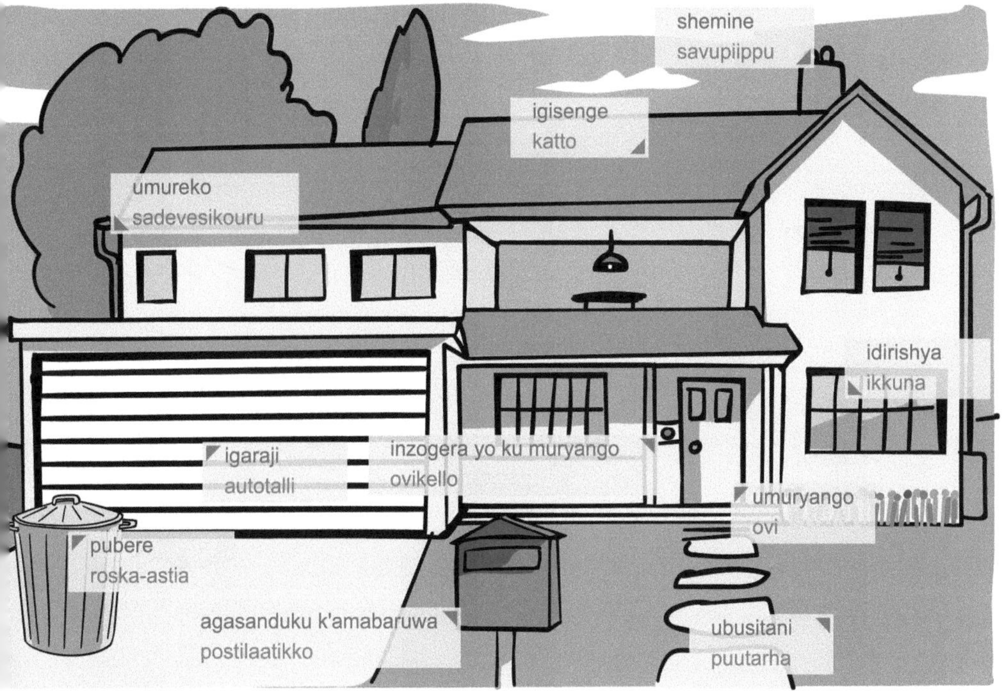

shemine
savupiippu
igisenge
katto
umureko
sadevesikouru
idirishya
ikkuna
igaraji
autotalli
inzogera yo ku muryango
ovikello
umuryango
ovi
pubere
roska-astia
agasanduku k'amabaruwa
postilaatikko
ubusitani
puutarha

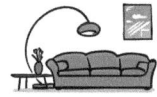

icyumba cy'uruganiriro

olohuone

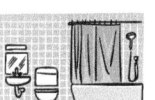

ubwogero

kylpyhuone

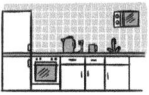

igikoni

keittiö

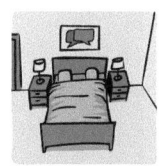

icyumba cyo kuraramo

makuuhuone

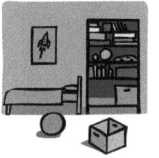

icyumba cy'abana

lastenhuone

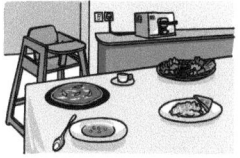

uburiro

ruokahuone

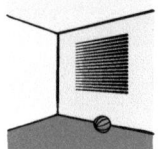

hasi
....
lattia

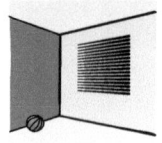

urukuta
....
seinä

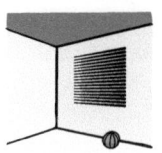

purafo
....
katto

kave
....
kellari

sawuna
....
sauna

urubaraza
....
parveke

ku rubaraza
....
terassi

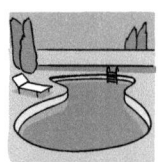

pisine
....
uima-allas

imashini ikupakupa
....
ruohonleikkuri

umwenda utwikira
....
lakana

kuvureri
....
päiväpeitto

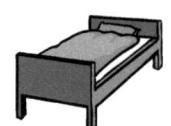

igitanda
....
sänky

umweyo
....
harja

indobo
....
ämpäri

enteributeri
....
katkaisin

icyumba cy'uruganiriro

olohuone

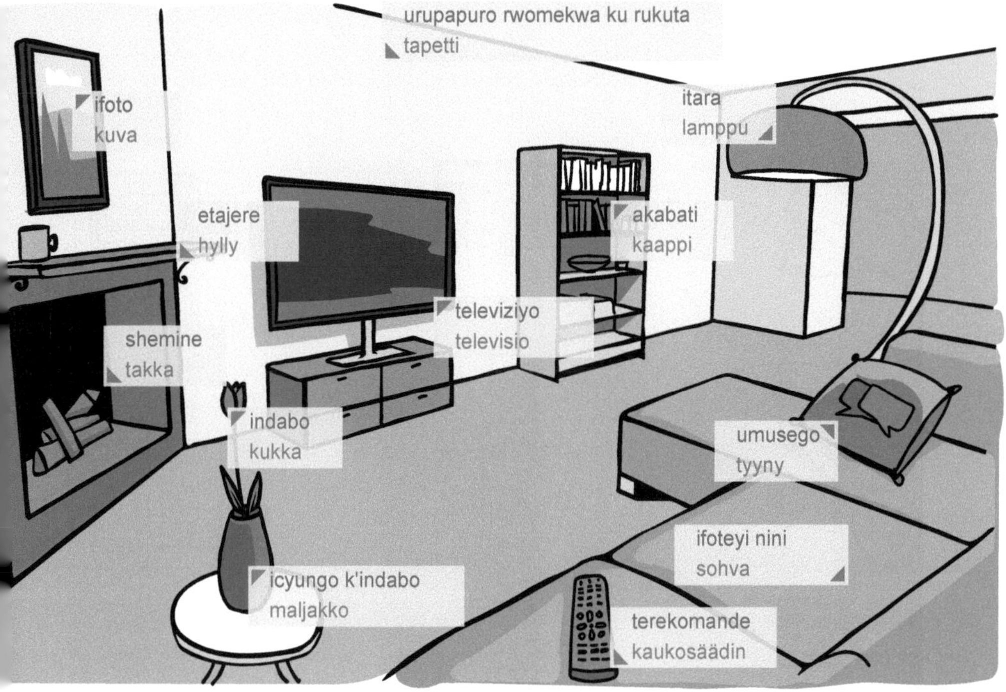

urupapuro rwomekwa ku rukuta
tapetti
ifoto
kuva
itara
lamppu
etajere
hylly
akabati
kaappi
televiziyo
televisio
shemine
takka
indabo
kukka
umusego
tyyny
ifoteyi nini
sohva
icyungo k'indabo
maljakko
terekomande
kaukosäädin

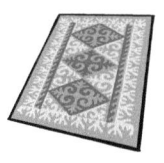

itapi

matto

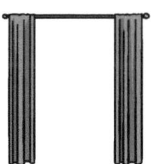

rido

verho

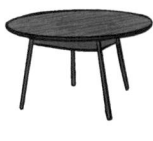

ameza

pöytä

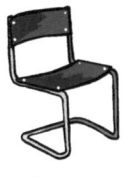

intebe

tuoli

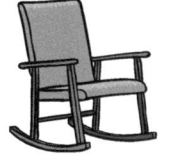

intebe yizengurutsa

keinutuoli

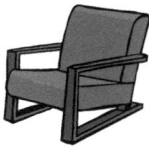

ifoteyi

nojatuoli

igitabo

kirja

uburingiti

peitto

umutako

koriste

inkwi

polttopuut

filimi

elokuva

ibikoresho bya hifi

stereot

urufunguzo

avain

ikinyamakuru

sanomalehti

ishusho

maalaus

icyapa

juliste

iradiyo

radio

ikarine

muistivihko

umweyo wa kizungu
ukoresha umwka

pölynimuri

ikimungu

kaktus

buji

kynttilä

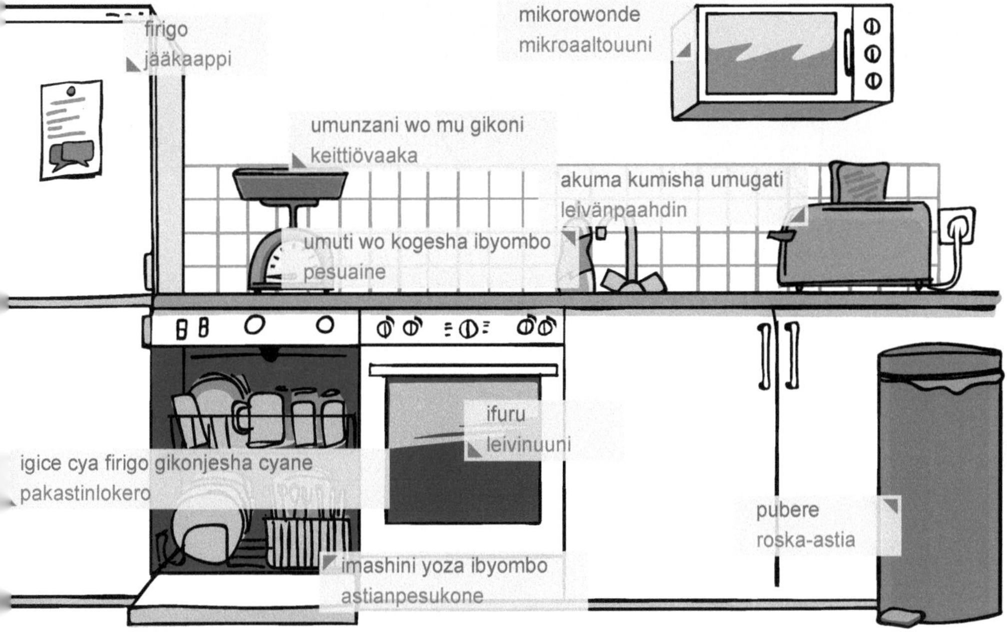

firigo
jääkaappi

mikorowonde
mikroaaltouuni

umunzani wo mu gikoni
keittiövaaka

akuma kumisha umugati
leivänpaahdin

umuti wo kogesha ibyombo
pesuaine

ifuru
leivinuuni

igice cya firigo gikonjesha cyane
pakastinlokero

pubere
roska-astia

imashini yoza ibyombo
astianpesukone

iziko
liesi

icyungo
kattila

inkono y'icyuma
rautapata

ipanu ifukuye cyane
kkipannu / kadai-pannu

ipanu
paistinpannu

ibirika
teepannu

isafuriya ya peresiyo

höyrykeitin

isahani yo mu ifuru

uunipelti

ibyombo

astiat

igikombe

muki

isorori

kulho

uduti abashinwa barisha

syömäpuikot

ikiyiko kigabura

kauha

Ikiyiko cyarura ifiriti

paistinlasta

umutozo

vispilä

paswari

siivilä

akayunguruzo

siivilä

agaharuzo ka karoti

raastin

isekuru

mortteli

icyokezo

grilli

shomine

avotuli

kabaho ko gukatiraho
imboga
....
leikkuulauta

umwuko
....
kaulin

urufunguzo rwa divayi
....
korkinavaaja

agakopo
....
purkki

urufunguzo rw'amakopo
....
purkinavaaja

umukondo w'icyungo
....
pannulappu

ravabo
....
lavuaari

uburoso
....
tiskiharja

iponji
....
pesusieni

mixer
....
tehosekoitin

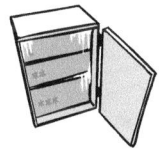

firigo itambitse
....
pakastin

bibero
....
tuttipullo

robine
....
vesihana

ubwogero
kylpyhuone

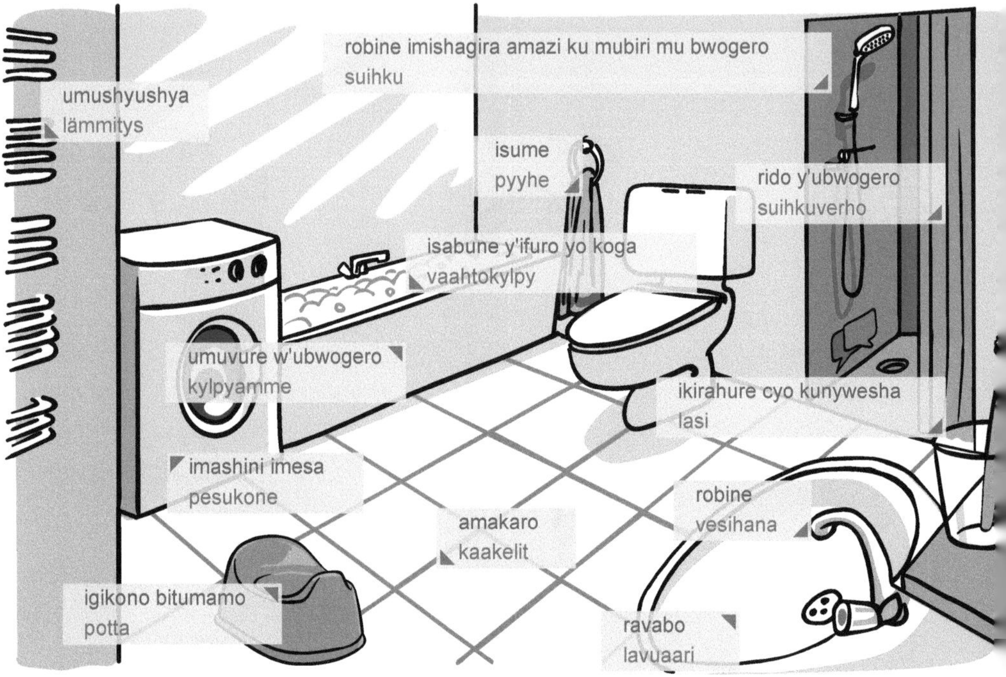
robine imishagira amazi ku mubiri mu bwogero
suihku
umushyushya
lämmitys
isume
pyyhe
rido y'ubwogero
suihkuverho
isabune y'ifuro yo koga
vaahtokylpy
umuvure w'ubwogero
kylpyamme
ikirahure cyo kunywesha
lasi
imashini imesa
pesukone
robine
vesihana
amakaro
kaakelit
igikono bitumamo
potta
ravabo
lavuaari

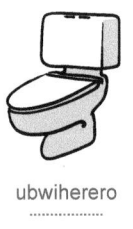

ubwiherero

vessa

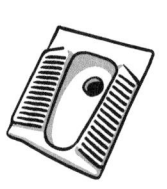

umusarani wo gusutama

kyykkyvessa

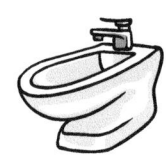

igikono cy'ubwiherero bwo mu nzu

bidee

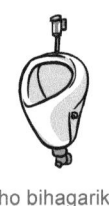

aho bihagarika

pisuaari

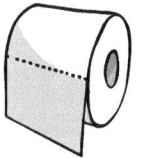

papiyejenike

vessapaperi

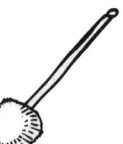

uburoso bwo mu bwiherero

vessaharja

uburoso bw'amenyo

hammasharja

korogati

hammastahna

akagozi ko kwihaganyuza amenyo

hammaslanka

gukaraba

pestä

akamishagira amazi ku mubiri bafata mu ntoki

käsisuihku

ubwogero bw'amazi yisuka

intiimisuihku

abo bakarabiramo intoki

pesuvati

uburoso bwo kwitsiritisha mu mugongo

selkäharja

isabune

saippua

abune yo mu bwogero

suihkugeeli

isabune yo kumeshesha umusatsi

shampoo

icyangwe cyo kwiyuhagiza

pesulappu

yobora amazi yanduye

viemäri

ikimuri

voide

umubavu

deodorantti

ikirori cyo mu ntoki
....
peili

ikirori cyo mu ntoki
....
käsipeili

urwembe
....
partaveitsi

ifuro ryo kurinda imiburu
....
partavaahto

umuti ukingira imiburu
....
partavesi

igisokozo
....
kampa

uburoso
....
harja

imashini yumisha umusatsi
....
hiustenkuivaaja

amarashi y'umusatsi
....
hiuslakka

igishahuro cyo kwitera
....
meikki

rujalevure
....
huulipuna

verini y'inzara
....
kynsilakka

ipamba
....
pumpuli

agasena inzara
....
kynsisakset

umubavu
....
hajuvesi

agafuka k'ibikoresho byo
mu bwogero
kosmetiikkalaukku

intebe

jakkara

umunzani

vaaka

ikanzu yo kujyana mu
bwogero
kylpytakki

udupfukantoki two
gusukuza
kumihansikkaat

urubindo

tamponi

udupapuro two
ihanaguza mu bwiherero
terveysside

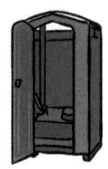

ubwiherero bwimukanwa

kemiallinen wc

icyumba cy'abana
lastenhuone

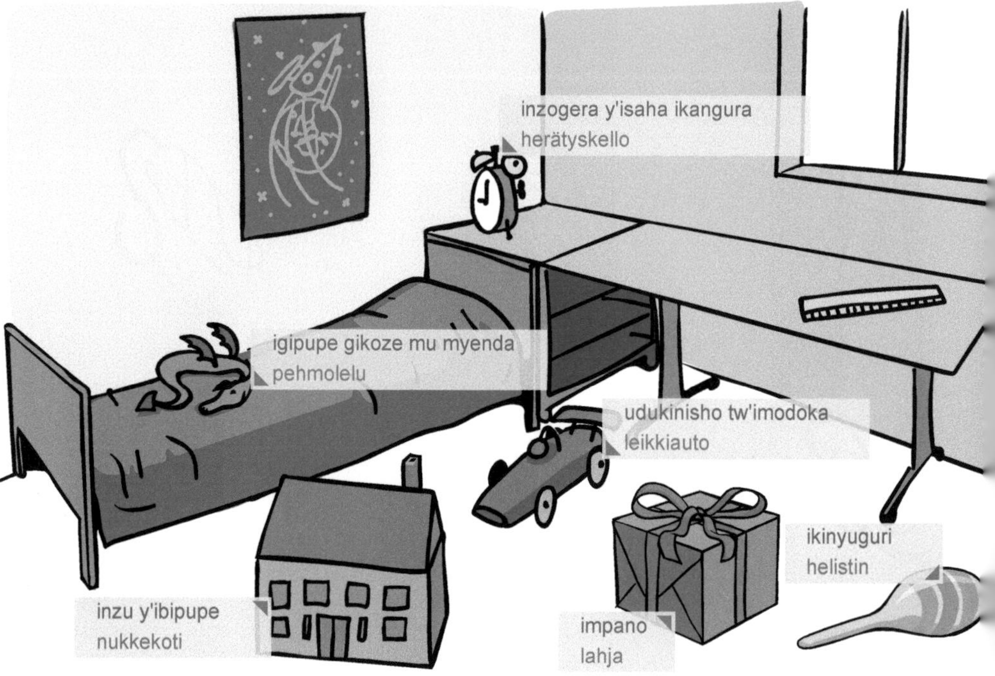

inzogera y'isaha ikangura
herätyskello
igipupe gikoze mu myenda
pehmolelu
udukinisho tw'imodoka
leikkiauto
ikinyuguri
helistin
inzu y'ibipupe
nukkekoti
impano
lahja

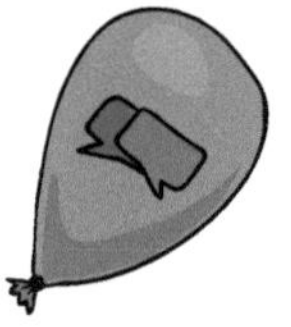

ballon

ilmapallo

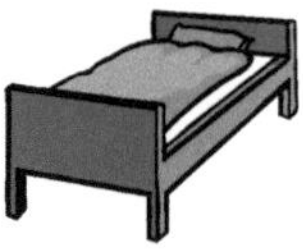

igitanda

sänky

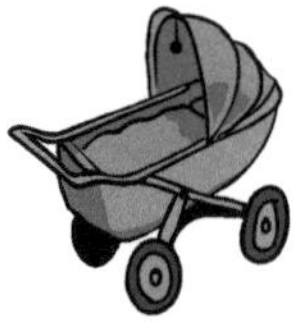

agapusipusi

lastenvaunut

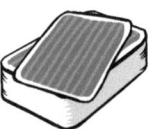

amakarita

korttipeli

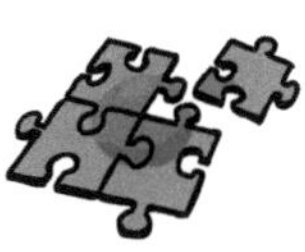

kubaka ishusho bacagaguye

palapeli

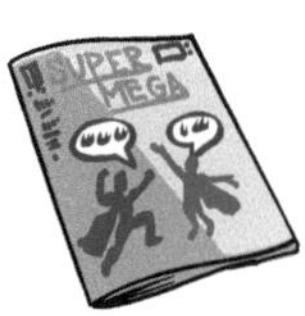

SUPER
MEGA

inkuru isetsa

sarjakuva

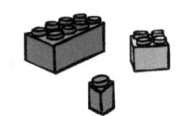

gucomekanya udutafari

legopalikat

udutafari tw'udukinisho

rakennuspalikat

igikinisho

supersankari

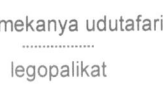

ipinjama y'uruhinja

potkupuku

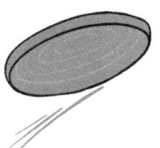

gutera indege

frisbee

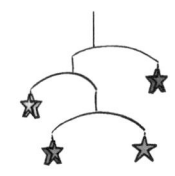

terefoni ngendanwa

mobile

mikino yo kuganiriraho

lautapeli

igisoro

noppa

gariyamoshi y'igikinisho

pienoisjunarata

ikinyonyo

tutti

umunsi mukuru

juhlat

arubumu

kuvakirja

umupira

pallo

agapupe

nukke

gukina

leikkiä

igikarito cy'umucanga

hiekkalaatikko

urwicundo

keinu

ibikinisho

lelut

agasanduku k'imikino yo
kuri videwo

pelikonsoli

akagare k'imipine itatu

kolmipyörä

igipupe k'ibyoya

nalle

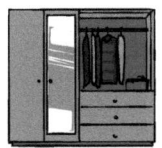

akabati k'imyenda

vaatekaappi

imyambaro
vaatteet

amasogisi

sukat

amasogisi afatanye n'ikariso

nylonsukat

kora

sukkahousut

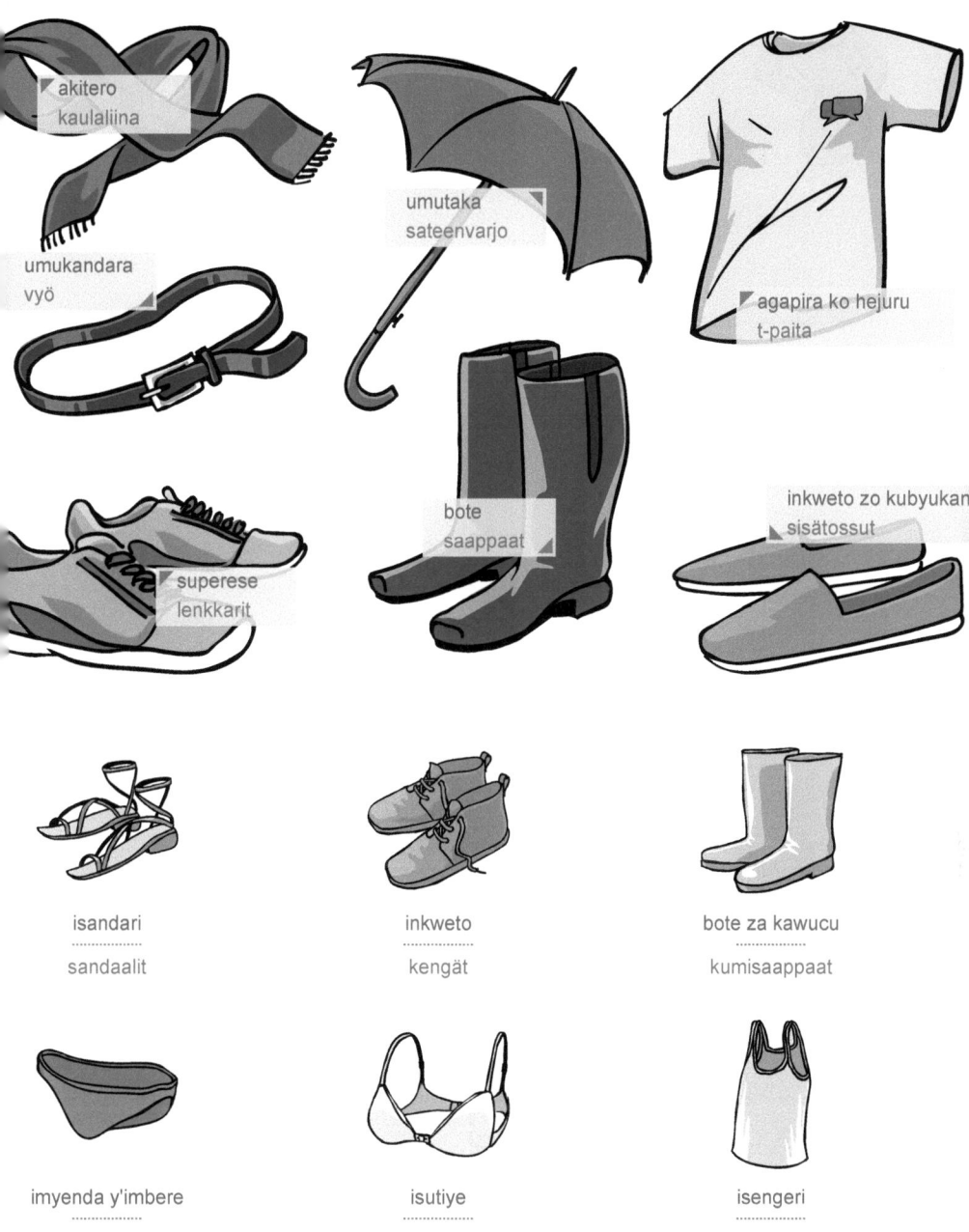

akitero
kaulaliina

umutaka
sateenvarjo

agapira ko hejuru
t-paita

umukandara
vyö

bote
saappaat

inkweto zo kubyukana
sisätossut

superese
lenkkarit

isandari
sandaalit

inkweto
kengät

bote za kawucu
kumisaappaat

imyenda y'imbere
alushousut

isutiye
rintaliivit

isengeri
aluspaita

body

body

ipantalo

housut

ikoboyi

farkut

ijipo

hame

ishati y'abagore

pusero

ishati

paita

umupira w'imbeho

villapaita

umupira w'ingofero

collegepaita

agakoti

jakku

ijaketi

takki

ikoti

takki

ikoti ry'imvura

sadetakki

umwambaro w'ibikino

puku

ikanzu

mekko

ikanzu y'abageni

hääpuku

kostitimu

puku

ikanzu yo kurarana

yöpaita

ipinjama

pyjama

ıukenyero w'abahindikazi

shari

igitambaro cyo mu mutwe

päähuivi

urugori

turbaani

mwitandiro uhisha isura

burka

ikanzu ndende

kaftaani

igishura

abaya

imyenda yo
kwidumbaguzanya

uimapuku

ikariso yo
kwidumbaguzanya

uimahousut

ikabutura

shortsit

tereningi

verkkarit

itaburiya

esiliina

udupfukantoki

käsineet

igipesu
nappi

amadarubindi
silmälasit

igikomo
rannekoru

umukufi
kaulakoru

impeta
sormus

iherena
korvakoru

ingofero
lippalakki

porutemanto
ripustin

ingofero
hattu

karuvati
solmio

imashini yo ku mwenda
vetoketju

kasike
kypärä

amaburuteri
henkselit

umwambaro w'ishuri
koulupuku

impuzankano
univormu

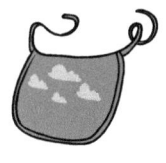

agakingirankonda

ruokalappu

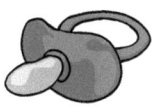

ikinyonyo

tutti

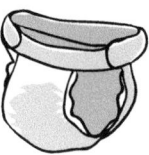

amaranje

vaippa

ibiro

toimisto

seriveri
palvelin
akabati k'impapuro
asiakirjakaappi
empirimante
tulostin
urupapuro
aperi
ekara
näyttö
suri
hiiri
ameza yo kwandikiraho
kirjoituspöytä
karaseri
kansio
karaviye
näppäimistö
pubere
roskakori
mudasobwa
tietokone
intebe
tuoli

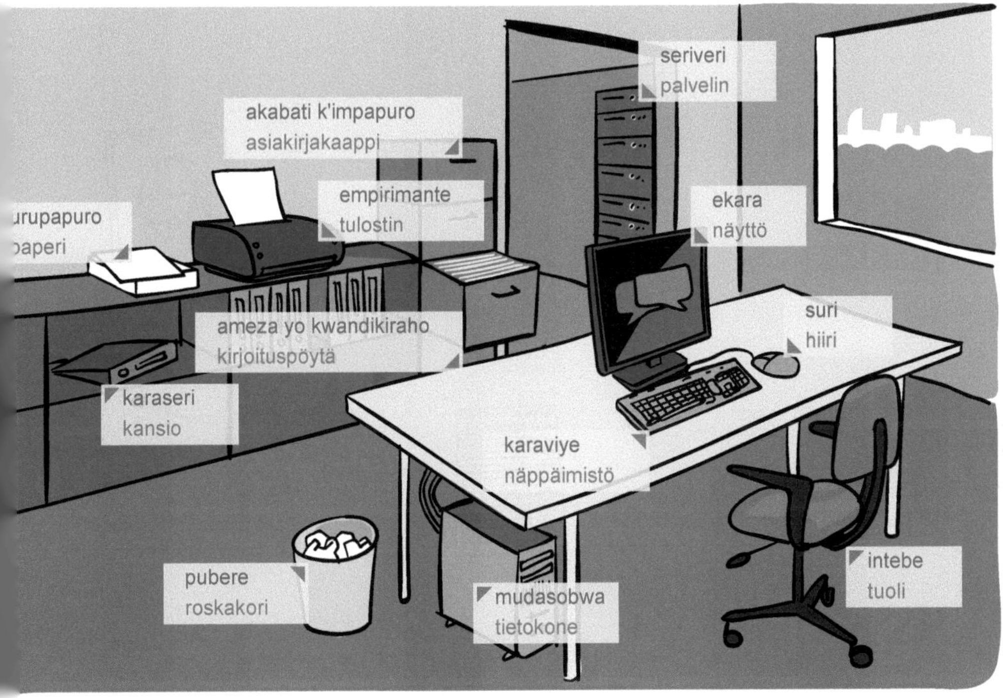

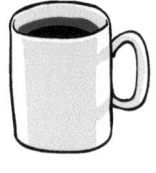

igikombe k'ikawa

kahvimuki

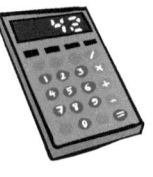

akabarisho

taskulaskin

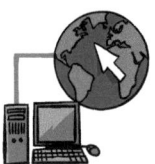

enterineti

internet

laputopu

kannettava tietokone

ibaruwa

kirje

ubutumwa

viesti

ngendanwa

kännykkä

netiwake

verkko

fotokopiyeze

kopiokone

porogaramu

ohjelmisto

telefoni

puhelin

purize

pistorasia

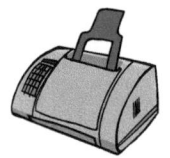

imashini yohereza fagisi

faksi

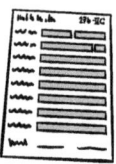

fomu

lomake

inyandiko

asiakirja

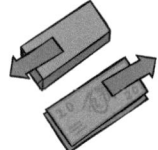

kugura

ostaa

kwishyura

maksaa

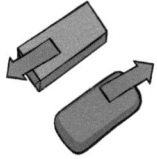

gucuruza

vaihtaa

amafaranga

raha

idorari

dollari

iyero

euro

iyeni

jeni

irubure

rupla

ifaranga ry'irisuwisi

frangi

iriyuwani

renminbi juan

irupi

rupia

icyuma cya banki
babikurizaho

pankkiautomaatti

ku muvunjayi

rahanvaihto

zahabu

kulta

feza

hopea

peteroli

öljy

ingufu z'amashanyarazi

energia

igiciro

hinta

kontaro

sopimus

tagisi

vero

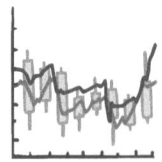

isoko ryo kugura no kugurisha

osake

gukora

työskennellä

umukozi

työntekijä

umukoresha

työnantaja

uruganda

tehdas

iduka

liike

imirimo
ammatit

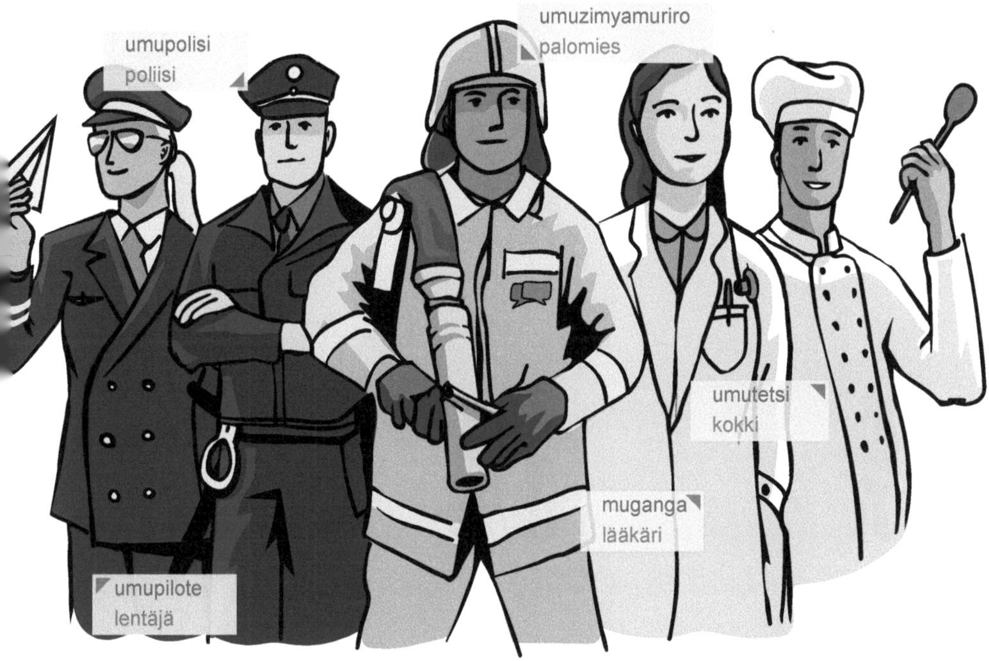

umuzimyamuriro
palomies
umupolisi
poliisi
umutetsi
kokki
muganga
lääkäri
umupilote
lentäjä

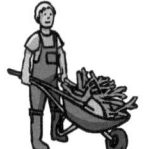

umujaridiniye

puutarhuri

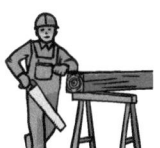

umubaji

puuseppä

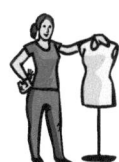

umudozi

ompelija

umucamanza

tuomari

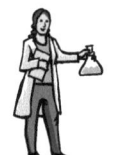

umunyabutabire

kemisti

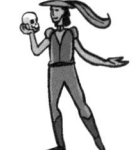

umukinnyi wa filimi

näyttelijä

umushoferi wa bisi

linja-autonkuljettaja

umushoferi wa tagisi

taksinkuljettaja

umurobyi

kalastaja

umugore ushinzwe gukora
isuku

siivooja

umufundi usakara

katontekijä

umuseriveri

tarjoilija

umuhigi

metsästäjä

umuntu usiga irangi

maalari

Umuntu ukora imigati

leipuri

Umuntu ukora mu
mashanyarazi

sähköasentaja

umufundi

rakentaja

injenyeri

insinööri

umubazi

teurastaja

umutnu ukora mu mazi

putkiasentaja

umuparanto

postinjakaja

imirimo - ammatit

umusirikare

sotilas

umwubatsi

arkkitehti

umubitsi

kassanhoitaja

untu ukora mu by'indabo

floristi

kimyozi

kampaaja

komvuwayeri

konduktööri

umukanishi

mekaanikko

kapiteni

kapteeni

muganga w'amenyo

hammaslääkäri

muhanga muri siyansi

tiedemies

rabi

rabbi

imamu

imaami

umumwane

munkki

umuyobozi w'idini

pappi

ibikoresho
työkalut

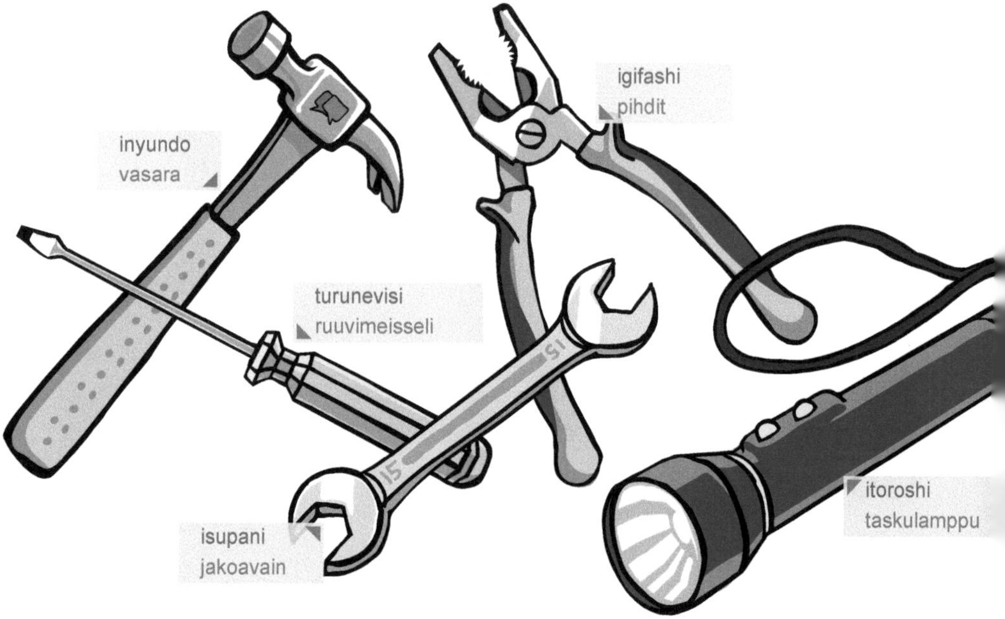
inyundo
vasara
igifashi
pihdit
turunevisi
ruuvimeisseli
isupani
jakoavain
itoroshi
taskulamppu

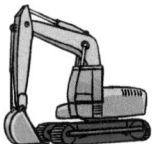

ipiki

kaivinkone

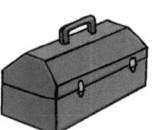

isanduku y'ibikoresho

työkalupakki

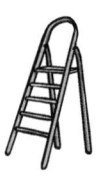

urwego

tikkaat

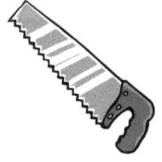

urukero

saha

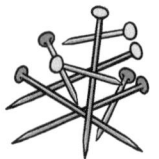

imisumari

naulat

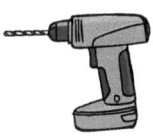

itindo

pora

gusana
....
korjata

igitiyo
....
lapio

wo gacwa we
....
Hitto!

igitiyo
....
rikkalapio

igikombe k'irangi
....
maalipurkki

amavisi
....
ruuvit

ibyuma by'umuziki
soittimet

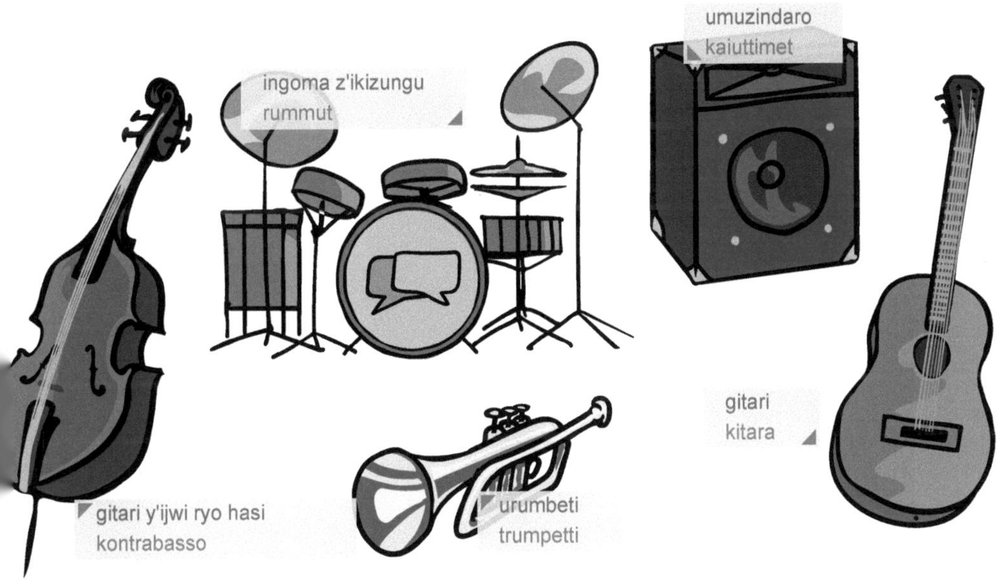

umuzindaro
kaiuttimet

ingoma z'ikizungu
rummut

gitari
kitara

gitari y'ijwi ryo hasi
kontrabasso

urumbeti
trumpetti

piyano

piano

iningiri

viulu

gitari idunda

basso

sembare

patarummut

ingoma

rumpu

inanga ya kizungu

kosketinsoitin

sagisofone

saksofoni

umwirongi

huilu

indangururamajwi

mikrofoni

zoo

eläintarha

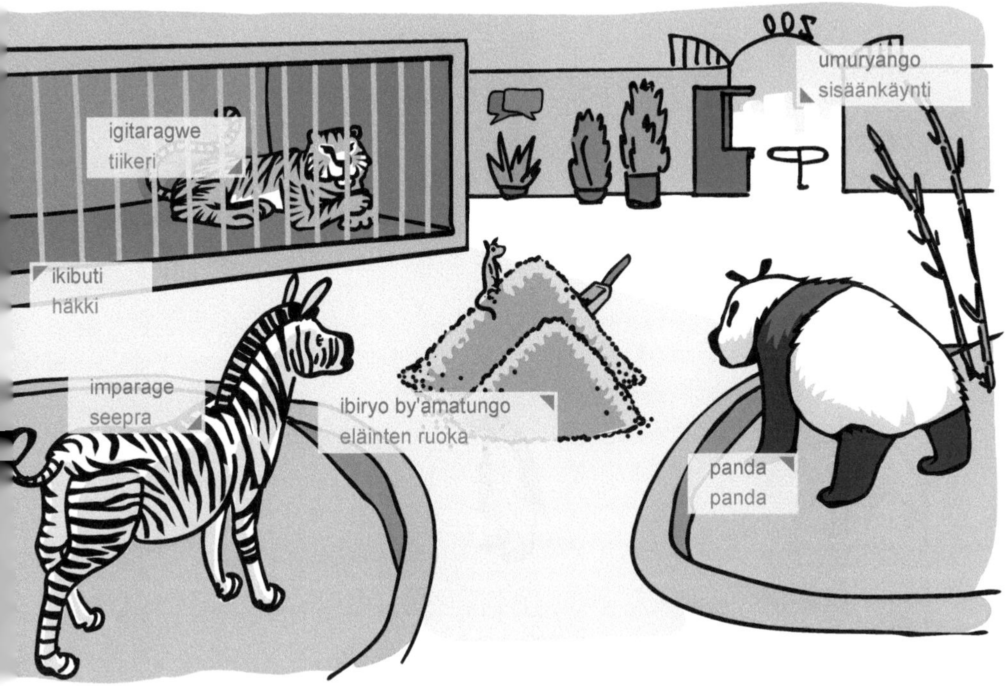
umuryango
sisäänkäynti
igitaragwe
tiikeri
ikibuti
häkki
imparage
seepra
ibiryo by'amatungo
eläinten ruoka
panda
panda

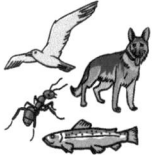

inyamaswa

eläimet

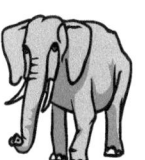

inzovu

norsu

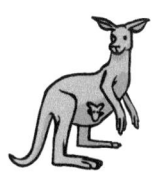

kanguru

kenguru

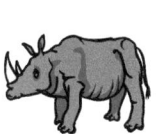

inkura

sarvikuono

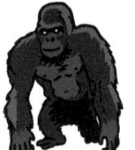

ingagi

gorilla

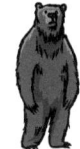

idubu

karhu

ingamiya

kameli

imbuni

strutsi

intare

leijona

inguge

apina

uruyongoyongo

flamingo

gasuku

papukaija

idubu yo mu bukonie

jääkarhu

inyoni yo ku mazi

pingviini

igifi kinini

hai

inyoni y'amasunzu

riikinkukko

inzoka

käärme

ingona

krokotiili

umurinzi

eläintarhanhoitaja

umuhuri

hylje

ingwe

jaguaari

icyana k'ifarasi

poni

ingwe

leopardi

imvubu

virtahepo

umusumbarembo

kirahvi

inkona

kotka

isatura

villisika

ifi

kala

akanyamasyo

kilpikonna

igifi k'imikaka

mursu

umuhari

kettu

isha

gaselli

Imikino
urheilu

Futuboro y'abanyamerika
amerikkalainen jalkapallo

gusiganwa ku magare
pyöräily

tenisi
tennis

Basiketi
koripallo

umukino wo koga
uinti

umukino w'amakofe
nyrkkeily

Hoke yo ku rubura
jääkiekko

umupira w'amaguru

jalkapallo

umukino wa badminton

sulkapallo

abakina imikino
ngororamubiri

yleisurheilu

handibolo

käsipallo

guserereka kuri neje

hiihto

polo

poolo

ibikorwa
aktiviteetit

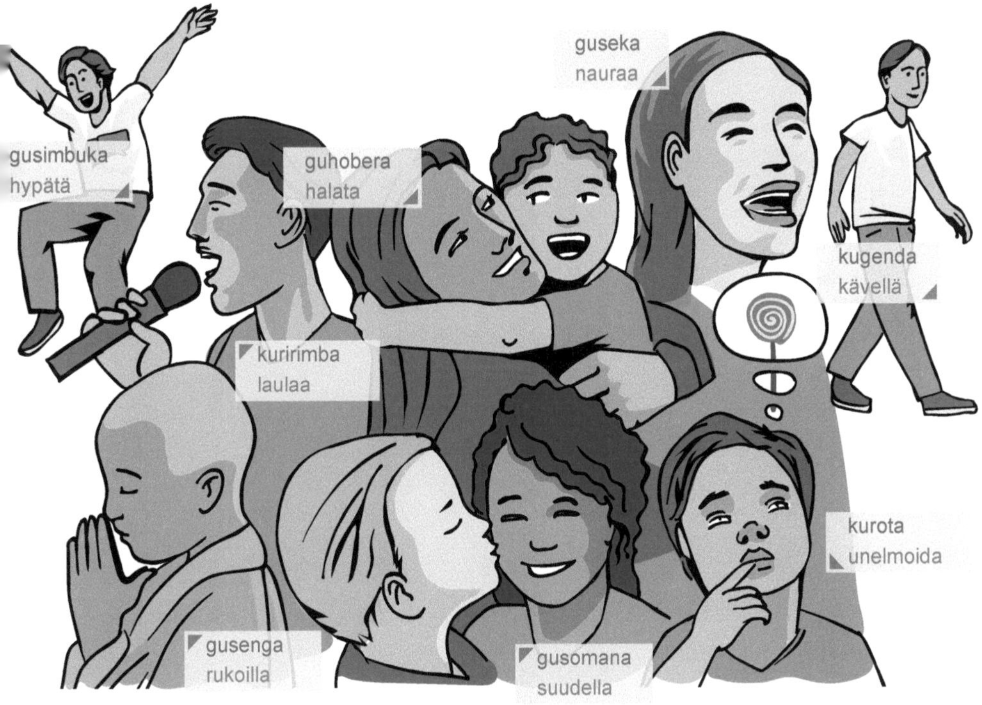
guseka
nauraa
gusimbuka
hypätä
guhobera
halata
kugenda
kävellä
kuririmba
laulaa
kurota
unelmoida
gusenga
rukoilla
gusomana
suudella

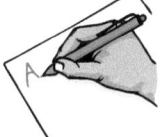

kwandika

kirjoittaa

gushushanya

piirtää

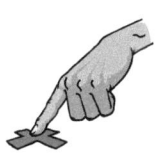

kwerekana

näyttää

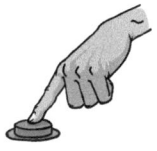

gusunika

painaa

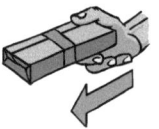

gutanga

antaa

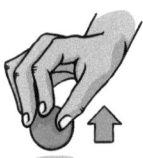

gufata

ottaa

kugira

omistaa

gukora

tehdä

kuba

olla

guhaguruka

seisoa

kwiruka

juosta

gukurura

vetää

kujugunya

heittää

kugwa

kaatua

kuryama

maata

gutegereza

odottaa

kwikorera

kantaa

kwicara

istua

kwambara

pukeutua

gusinzira

nukkua

gukanguka

herätä

kureba

katsoa

kurira

itkeä

kwagaza

silittää

gusokoza

kammata

kuvuga

puhua

gusobanukirwa

ymmärtää

kubaza

kysyä

kumva

kuunnella

kunywa

juoda

kurya

syödä

gushyira ku murongo

siivota

gukunda

rakastaa

guteka

keittää

gutwara imodoka

ajaa

kuguruka

lentää

kugashya

purjehtia

kubara

laskea

gusoma

lukea

kwiga

oppia

gukora

työskennellä

kurongora

mennä naimisiin

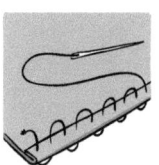

kudoda

ommella

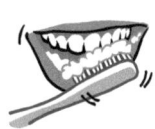

uburoso bw'amenyo

pestä hampaat

kwica

tappaa

kunywa itabi

tupakoida

kohereza

lähettää

umuryango
perhe

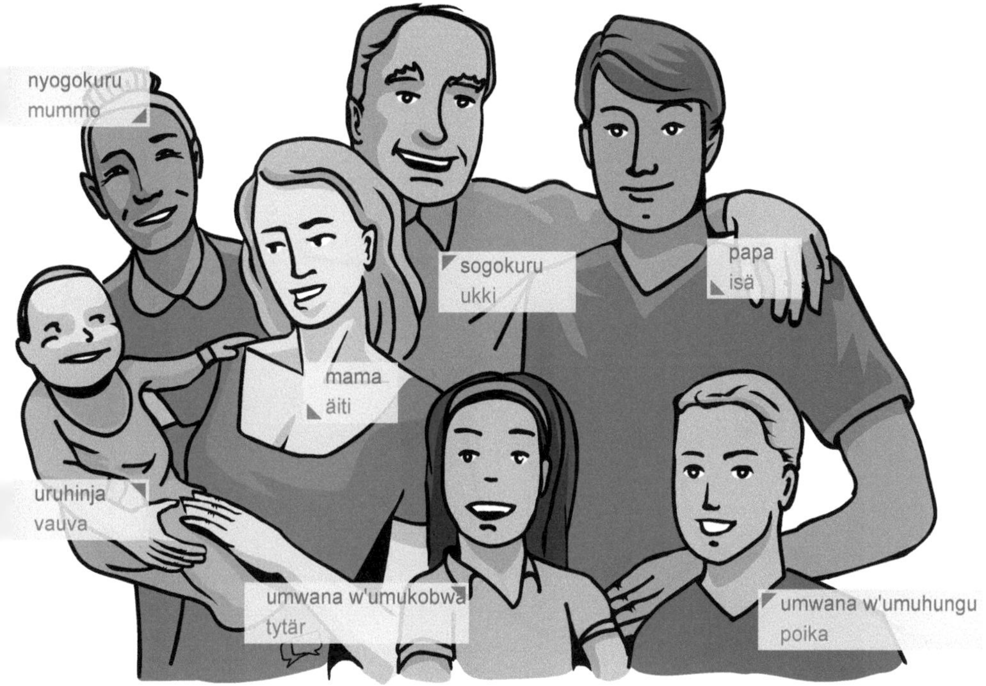

nyogokuru
mummo
sogokuru
ukki
papa
isä
mama
äiti
uruhinja
vauva
umwana w'umukobwa
tytär
umwana w'umuhungu
poika

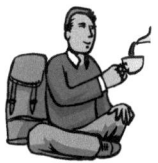

umushyitsi

vieras

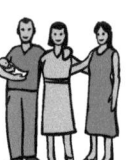

masenge

täti

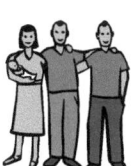

marume

setä

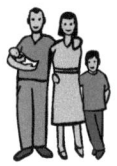

musaza wange

veli

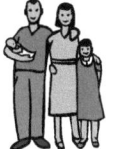

mushiki wange

sisko

umubiri

vartalo

agahanga k'imbere
otsa
ijisho
silmä
urutugu
olkapää
urutoki
sormet
isura
kasvot
akananwa
leuka
ikiganza
käsi
ukuguru
jalka
ibere
rinta
ukuboko
käsivarsi

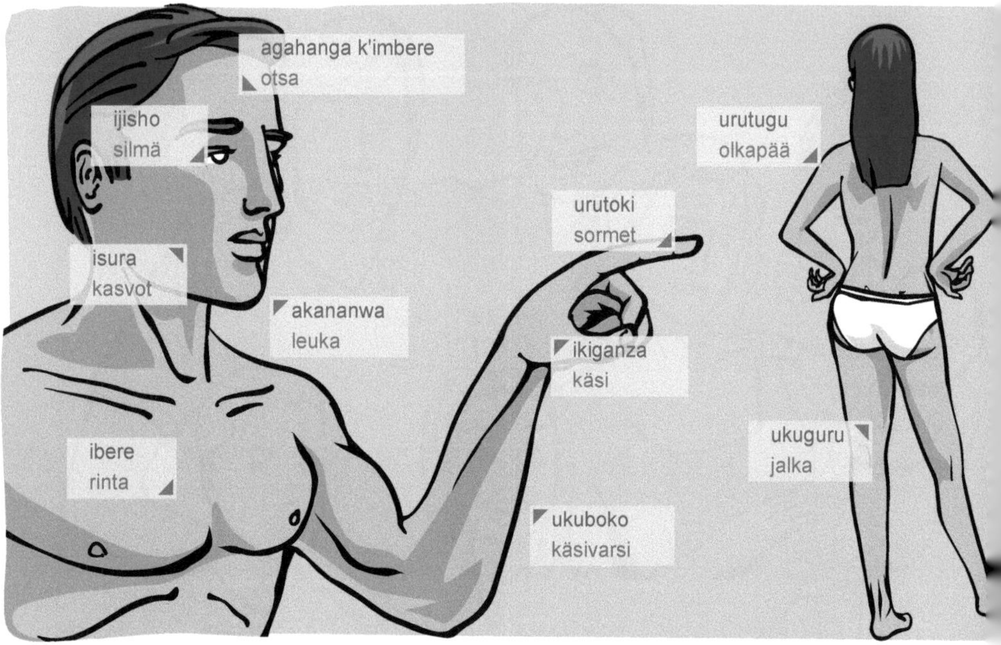

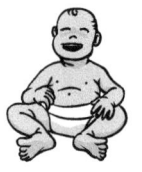

uruhinja
vauva

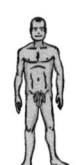

umugabo
mies

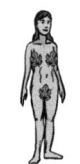

umugore
nainen

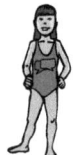

umukobwa
tyttö

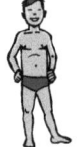

umuhungu
poika

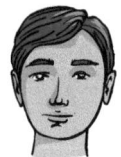

umutwe
pää

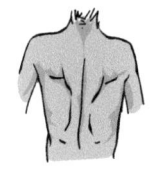

umugongo

selkä

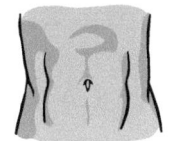

inda

maha

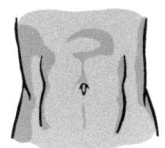

umukondo

napa

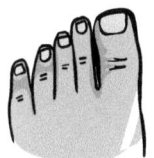

ino

varvas

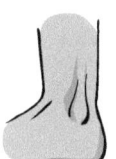

agatsinsino

kantapää

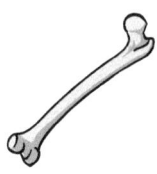

igufa

luu

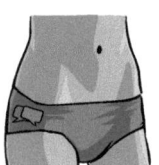

amayunguyungu

lantio

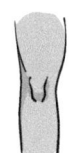

ivi

polvi

inkokora

kyynärpää

izuru

nenä

ikibuno

takapuoli

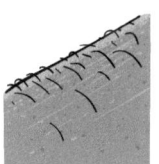

uruhu

iho

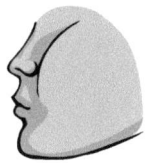

itama

poski

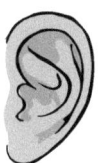

ugutwi

korva

umunwa

huuli

mu munwa
suu

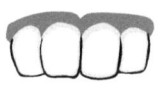

iryinyo
hammas

ururimi
kieli

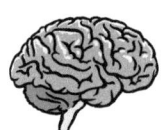

ubwonko
aivot

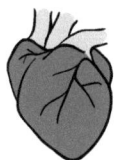

umutima
sydän

umutsi
lihas

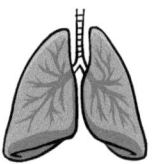

ibihaha
keuhkot

umwijima
maksa

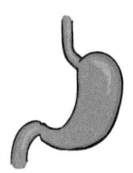

igifu
vatsa

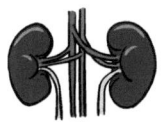

impyiko
munuaiset

igitsina
seksi

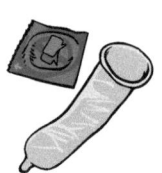

agakingirizo
kondomi

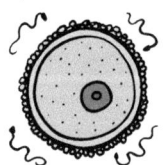

intanga
munasolu

amasohoro
sperma

gusama inda
raskaus

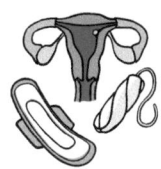

imihango
kuukautiset

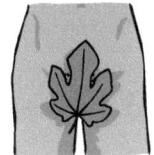

igituba
vagina

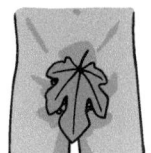

imboro
penis

ibitsike
kulmakarvat

umusatsi
hiukset

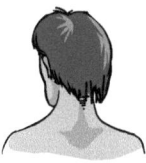

ijosi
niska

ibitaro
sairaala

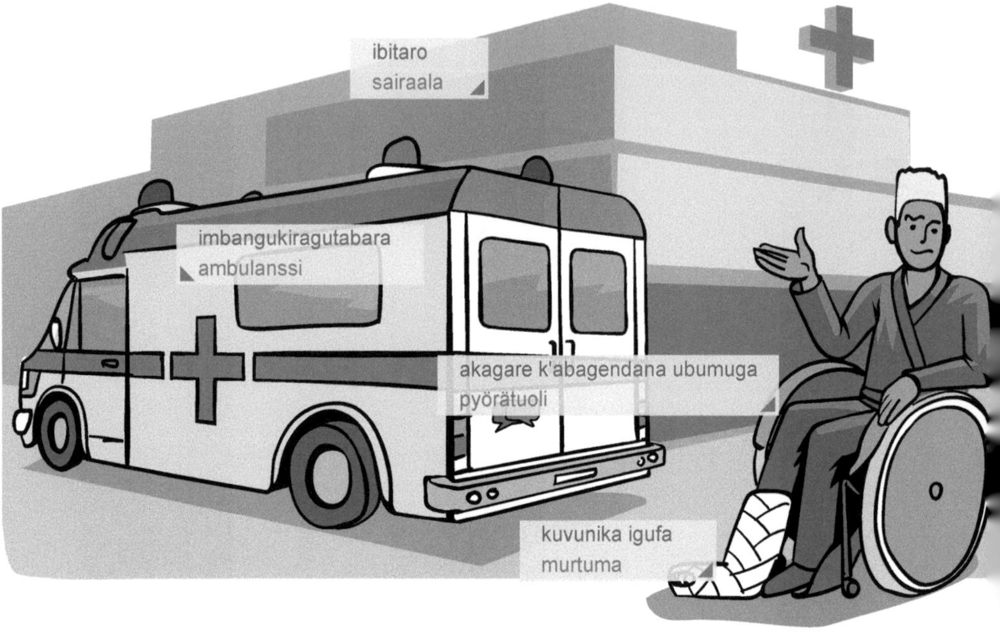

ibitaro
sairaala
imbangukiragutabara
ambulanssi
akagare k'abagendana ubumuga
pyörätuoli
kuvunika igufa
murtuma

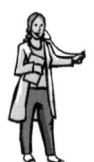

muganga
lääkäri

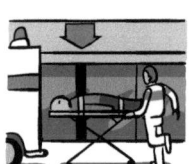

icyumba k'indembe
ensiapu

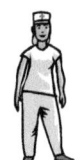

umuforomo kazi
sairaanhoitaja

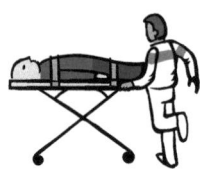

mu ndembe
hätätilanne

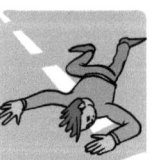

guta ubwenge
tajuton

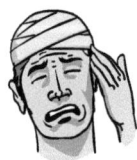

ububabare
kipu

igikomere

vamma

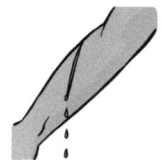

kuva amaraso

verenvuoto

gufatwa n'umutima

sydänkohtaus

kuziba k'udutsi two mu bwonko

aivoinfarkti

kwivumbura k'umubiri

allergia

inkorora

yskä

umuriro

kuume

ibicurane

flunssa

impiswi

ripuli

kurwara umutwe

päänsärky

kanseri

syöpä

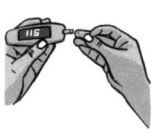

diyabete

diabetes

muganga ubaga

kirurgi

icyuma kibaga umurwayi

veitsi

kubagwa

leikkaus

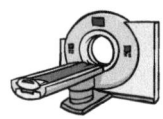

ifoto yo mu cyuma

ct

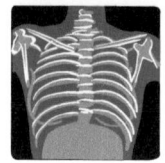

radiyo

röntgen

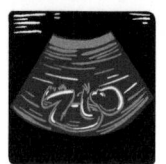

isuzuma rikoresha amajwi

ultraääni

agapfukamunwa

maski

indwara

sairaus

icyumba bategererezamo

odotushuone

imbago yo kwicumba

sauva

pasema

laastari

igipfuko

side

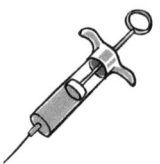

urushinge

pistos

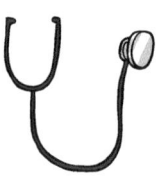

igipimo cy'umutima

stetoskooppi

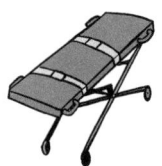

burankari

paarit

igipimo cy'umuriro

kuumemittari

ivuka

syntymä

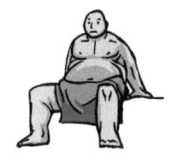

umubyibuho ukabije

ylipaino

unganirangingo y'amatwi

....

kuulolaite

umuti wica mikorobe

....

desinfiointiaine

ubwandu

....

infektio

virusi

....

virus

Virusi itera sida / Sida

....

HIV / AIDS

ubuganga

....

lääke

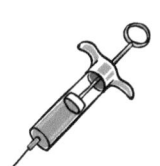

gukingira

....

rokotus

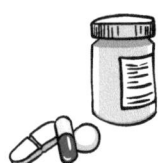

ibinini

....

tabletit

ikinini

....

pilleri

uhamagara byihutirwa

....

hätäpuhelu

igenzura ry'umuvuduko
w'amaraso

....

verenpainemittari

urwaye / ufite amagara
meza

....

sairas / terve

Ntabara!

Apua!

inzogera itabaza

hälytys

gusagarira

ryöstö

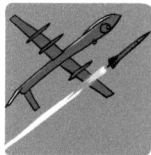

igitero

hyökkäys

icyateza amakuba

vaara

umuryango unyuramo ukiza amagara

hätäuloskäynti

Inkongi!

Tulipalo!

ikizimyamuriro

palosammutin

impanuka

onnettomuus

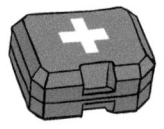

ibikoresho by'ubutabazi bw'ibanze

ensiapulaukku

induru itabaza

SOS

polisi

poliisilaitos

Uburayi
....

Eurooppa

Amerika y'Amajyaruguru
....

Pohjois-Amerikka

Amerika y'Amagepfo
....

Etelä-Amerikka

Afurika
....

Afrikka

Aziya
....

Aasia

Ositarariya
....

Australia

Atalantika
....

Atlantin valtameri

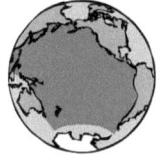

Oasifika
....

Tyynimeri

Inyanja y'Abahinde
....

Intian valtameri

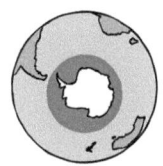

Inyanja y'Antagitika
....

Eteläinen jäämeri

Inyanja y'Arigitika
....

Pohjoinen jäämeri

Amajyaruguru y'Isi
....

pohjoisnapa

Amagepfo y'Isi
etelänapa

Antaragitika
Antarktis

Isi
maa

ubutaka
maa

ikiyaga
meri

ikirwa
saari

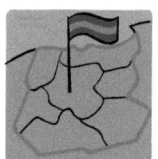

igihugu
kansa

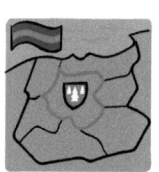

leta
osavaltio

kadere y'isaha

kellotaulu

urushinge rw'amasaha

tuntiviisari

urushinge rw'iminota

minuuttiviisari

ushinge rw'amasegonda

sekuntiviisari

ni isaha ki?

Paljonko kello on?

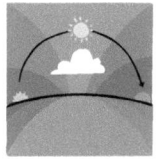

umunsi

päivä

igihe

aika

nonaha

nyt

isaha y'imibare

digitaalikello

iminota

minuutti

amasaha

tunti

Ku wa mbere
maanantai
MO

W Ku wa gatatu
keskiviikko

FR Ku wa gatanu
perjantai

TU

TH

SA

Ku wa gatandatu
lauantai

Ku wa kabiri
tiistai

SO

Ku wa kane
torstai

Ku cyumweru
sunnuntai

ejo hashize
eilen

none
tänään

ejo hazaza
huomenna

igitondo
aamu

saa sita
keskipäivä

ku mugoroba
ilta

iminsi y'akazi
työpäivät

wikendi
viikonloppu

umwaka

vuosi

imvura
sade
umukororombya
sateenkaari
neje
lumi
umuyaga
tuuli
urugaryi
kevät
umuhindo
syksy
iki
kesä
igihe cy'ubukonje
talvi

4.APRIL 11°
5.APRIL 4°
6.APRIL 13°
7.APRIL 8°
8.APRIL 10°

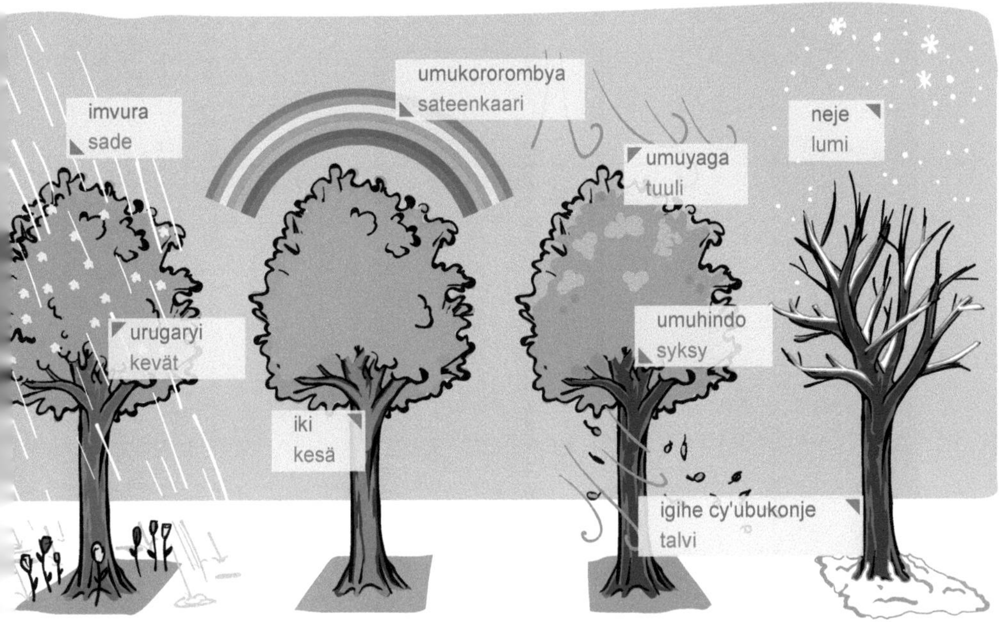

iteganyagihe

sääennuste

F C
120 40
90 30
60 20
30 10
0 0
-30 -10
-20

igipimo cy'ubushyuhe

lämpömittari

izuba rirashe

auringonpaiste

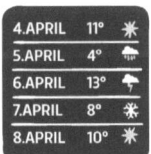

ibicu

pilvi

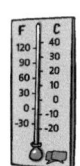

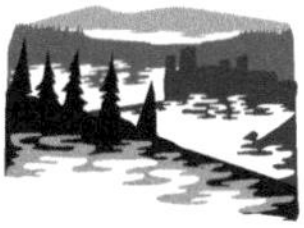

ibihu

sumu

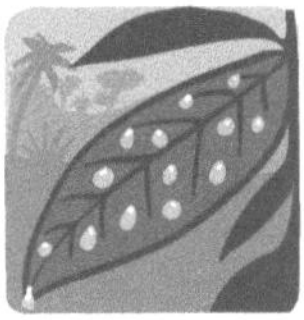

ububobere

ilmankosteus

umurabyo
....
salama

inkuba
....
ukkonen

umuhengeri
....
myrsky

urubura
....
rae

imiyaga ihuha iturutse mu
nyanja
....
monsuuni

umwuzure
....
tulva

barafu
....
jää

Mutarama
....
tammikuu

Gshyantare
....
helmikuu

Werurwe
....
maaliskuu

Mata
....
huhtikuu

Gicurasi
....
toukokuu

Kamena
....
kesäkuu

Nyakanga
....
heinäkuu

Kanama
....
elokuu

Nzeri
....
syyskuu

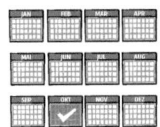

Ukwakira
....
lokakuu

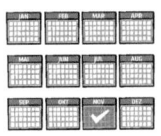

Ugushyingo
....
marraskuu

Ukuboza
....
joulukuu

amaforoma
muodot

uruziga
....
ympyrä

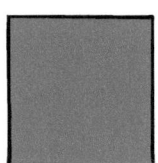

mpandenye
....
neliö

urukiramende
....
suorakulmio

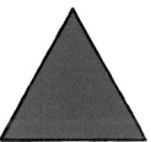

mpandeshatu
....
kolmio

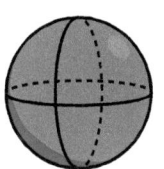

umubumbe
....
pallo

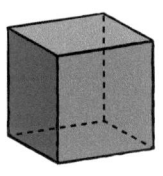

kibe
....
kuutio

umweru

valkoinen

umuhondo

keltainen

oranje

oranssi

iroza

vaaleanpunainen

umutuku

punainen

isine

violetti

ubururu

sininen

icyatsi kibisi

vihreä

igihogo

ruskea

ikigina

harmaa

umukara

musta

byinshi / bike

paljon / vähän

urakaye / utuje

vihainen / ystävällinen

mwiza / mubi

kaunis / ruma

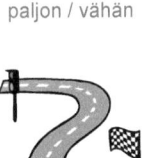

intangiriro / impera

alku / loppu

kinini / gito

suuri / pieni

gikeye / kijimye

vaalea / tumma

musaza / mushiki

veli / sisko

gisukuye / cyanduye

puhdas / likainen

kirangiye / kitarangiye

täydellinen / epätäydellinen

umunsi / ijoro

päivä / yö

wapfuye / muzima

kuollut / elävä

hagari / hafunganye

leveä / kapea

kiribwa / kitaribwa

syötävä / syömäkelvoton

umugome / ugwa neza

paha / kiltti

ushishikaye / warambiwe

innostunut / tylsistynyt

ubyibushye / unanutse

lihava / laiha

mbere / nyuma

ensimmäinen / viimeinen

inshuti / umwanzi

ystävä / vihollinen

cyuzuye / kirimo ubusa

täysi / tyhjä

gikomeye / cyoroshye

kova / pehmeä

kiremeye / kitaremereye

painava / kevyt

inzara / inyota

nälkä / jano

urwaye / ufite amagara
meza

sairas / terve

kemewe n'amategeko /
kibujijwe n'amategeko

laiton / laillinen

umunyabwenge / igicucu

älykäs / tyhmä

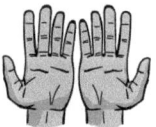

iburyo / ibumoso

vasen / oikea

hafi / kure

lähellä / kaukana

gishya / cyakoze
uusi / käytetty

nta kintu gihari / hari ikintu gihari
ei mitään / jotain

ushaje / muto
vanha / nuori

atsa / zimya
päällä / pois päältä

gifunguye / gifunze
auki / kiinni

ucecetse / usakuza
hiljainen / äänekäs

ukize / ukennye
rikas / köyhä

ni byo / si byo
oikein / väärin

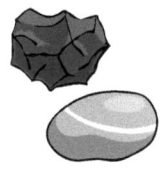

hahanda / hahehereye
karhea / sileä

urakaye / wishimye
surullinen / iloinen

mugufi / muremure
lyhyt / pitkä

urandaga / wihuta
hidas / nopea

utose / wumye
märkä / kuiva

ashyushye / ahoze
lämmin / viileä

intambara / amahoro
sota / rauha

0	**1**	**2**
zeru	rimwe	kabiri
nolla	yksi	kaksi

3	**4**	**5**
gatatu	kane	gatanu
kolme	neljä	viisi

6	**7**	**8**
gatandatu	karindwi	umunani
kuusi	seitsemän	kahdeksan

9	**10**	**11**
icyenda	icumi	cumi na rimwe
yhdeksän	kymmenen	yksitoista

12

cumi na kabiri

kaksitoista

13

cumi na gatatu

kolmetoista

14

cumi na kane

neljätoista

15

cumi na gatanu

viisitoista

16

cumi na gatandatu

kuusitoista

17

cumi na karindwi

seitsemäntoista

18

cumi n'umunani

kahdeksantoista

19

cumi n'icyenda

yhdeksäntoista

20

makumyabiri

kaksikymmentä

100

ijana

sata

1.000

igihumbi

tuhat

1.000.000

miliyoni

miljoona

Icyongereza

englanti

Icyongereza
cy'Abanyamerika

amerikanenglanti

Igishinwa k'ikimandarini

mandariinikiina

Igihindi

hindi

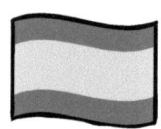

Ikesipanyoro

espanja

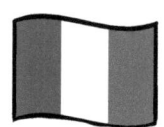

Igifaransa

ranska

Icyarabu

arabia

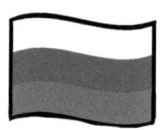

Ikirusiya

venäjä

Igiporutigari

portugali

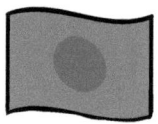

Ikibengari

bengali

Ikidage

saksa

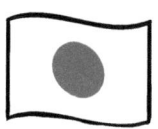

Ikiyapani

japani

ge

minä

wowe

sinä

♂ ♀ ○

we / we / we

hän

twe

me

mwe

te

bo

he

nde?

kuka?

iki?

mitä / mikä?

gute?

miten?

hehe?

missä?

ryari?

milloin?

HELLO, I AM

izina

nimi

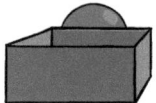

inyuma
takana

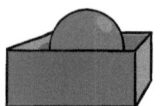

mo imbere
sisällä

imbere ya
edessä

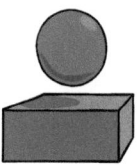

hejuru ya
yläpuolella

kuri
päällä

munsi ya
alapuolella

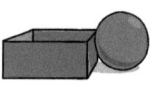

iruhande
vieressä

hagati
välissä

ahantu
paikka